Anarchia

Storia, Pensiero ed Aforismi Anarchici

- John Richardson –

Introduzione

L'anarchismo è un movimento politico radicale altamente scettico nei confronti dell'autorità e respinge ogni forma di gerarchia ingiusta. Richiede l'abolizione dello stato che ritiene indesiderabile, non necessario e dannoso. L'anarchismo sostiene la sostituzione dello stato con società apolidi o altre forme di libere associazioni.

La cronologia dell'anarchismo risale alla preistoria quando le persone vivevano in società anarchiche molto prima della creazione di stati, regni o imperi formali. Con l'ascesa di corpi gerarchici organizzati, anche lo scetticismo nei confronti dell'autorità è aumentato, ma non è stato fino al 19 ° secolo che si è formato un movimento politico autocosciente. Durante l'ultima metà del 19 ° e i primi decenni del 20 ° secolo, il movimento anarchico fiorì in gran parte del mondo e ebbe un ruolo significativo nelle lotte dei lavoratori per l'emancipazione. Vari rami dell'anarchismo furono sposati in quei tempi.

Gli anarchici presero parte a diverse rivoluzioni, in particolare alla guerra civile spagnola, dove furono schiacciati dalle forze fasciste nel 1939, segnando la fine dell'era classica dell'anarchismo. Negli ultimi decenni del 20 ° secolo, il movimento anarchico è diventato ancora una volta rilevante e vivido.

L'anarchismo impiega varie tattiche per raggiungere i loro fini ideali; questi possono essere ampiamente separati in tattiche rivoluzionarie ed evolutive. Vi è una significativa sovrapposizione tra le due gambe che sono semplicemente descrittive. Le tattiche rivoluzionarie mirano a far cadere autorità e stato e hanno preso una svolta violenta in passato. Le tattiche evolutive mirano a prefigurare come sarebbe una società anarchica. Il pensiero, la critica e la prassi dell'anarchismo hanno avuto un ruolo in diversi campi della società umana.

L'origine etimologica della parola anarchismo deriva dall'antica parola greca anarkhia, che significa "senza sovrano", composta dal prefisso an- (cioè "senza") e dalla parola arkhos (cioè "capo" o "sovrano").

Il suffisso -ismo indica la corrente ideologica che favorisce l'anarchia. La parola anarchismo appare in inglese dal 1642 come anarchismo e la parola anarchia dal 1539. Varie fazioni all'interno della Rivoluzione francese etichettarono i loro oppositori come anarchici, sebbene pochi accusati condividessero molte opinioni con anarchici successivi. Molti rivoluzionari del XIX secolo come William Godwin (1756–1836) e Wilhelm Weitling (1808–1871) avrebbero contribuito alle dottrine anarchiche della prossima generazione, ma non usarono la parola anarchico o anarchico per descrivere se stessi o le loro credenze.

Il primo filosofo politico a definirsi anarchico fu Pierre-Joseph Proudhon (1809-1865), che segnò la nascita formale dell'anarchismo a metà del XIX secolo. Dal 1890 e dall'inizio in Francia, il termine "libertarismo" è stato spesso usato come sinonimo di anarchismo e il suo uso come sinonimo è ancora comune al di fuori degli Stati Uniti. D'altra parte, alcuni usano il libertarismo per riferirsi solo alla filosofia individualista del libero mercato, riferendosi all'anarchismo del libero mercato come anarchismo libertario.

Mentre l'opposizione allo stato è al centro del pensiero anarchico, definire l'anarchismo non è un compito facile in quanto si discute molto tra studiosi e anarchici sulla questione e varie correnti percepiscono l'anarchismo in modo leggermente diverso. Quindi, potrebbe essere vero dire che l'anarchismo è un gruppo di filosofie politiche che si oppongono all'autorità e all'organizzazione gerarchica (compresi lo stato, il capitalismo, il nazionalismo e tutte le istituzioni associate) nella condotta di tutte le relazioni umane a favore di una società basata sull'associazione volontaria , sulla libertà e sul decentramento, ma questa definizione ha gli stessi difetti della definizione basata sull'etimologia (che è semplicemente una negazione di un sovrano), o basata sull'antistatismo (l'anarchismo è molto più di questo) o addirittura l'anti- autoritario (che è una conclusione a posteriori).

Tuttavia, i principali elementi della definizione di anarchismo includono quanto segue:

- La volontà di una società non coercitiva.

- Il rifiuto dell'apparato statale.

- La convinzione che la natura umana permetta agli esseri umani di esistere o progredire verso una società non coercitiva.

- Un suggerimento su come agire per perseguire l'ideale dell'anarchia.

Storia

Era pre-moderna

Durante l'era preistorica dell'umanità, non esisteva un'autorità stabilita. Fu dopo la creazione di città che furono istituite istituzioni di autorità e idee anarchiche sposate come reazione. I precursori più importanti dell'anarchismo nel mondo antico erano in Cina e in Grecia. In Cina, l'anarchismo filosofico (cioè la discussione sulla legittimità dello stato) è stato delineato dai filosofi taoisti Zhuangzi e Lao Tzu. Allo stesso modo, gli atteggiamenti anarchici sono stati articolati da tragedie e filosofi in Grecia. Eschilo e Sofocle usarono il mito di Antigone per illustrare il conflitto tra regole stabilite dallo stato e autonomia personale. Socrate interrogava costantemente le autorità ateniesi e insisteva sul diritto alla libertà individuale di coscienza.

I cinici hanno respinto la legge umana (nomos) e le autorità associate mentre cercavano di vivere secondo la natura (physis). Gli stoici sostenevano una società basata su relazioni non ufficiali e amichevoli tra i suoi cittadini senza la presenza di uno stato.

Durante il Medioevo, non vi fu alcuna attività anarchica se non alcuni movimenti religiosi ascetici nel mondo islamico o nell'Europa cristiana. Questo tipo di tradizione in seguito ha dato vita all'anarchismo religioso. In Persia, Mazdak chiese una società egualitaria e l'abolizione della monarchia, per essere presto giustiziata dal re. A Bassora, sette religiose predicarono contro lo stato. In Europa, varie sette svilupparono tendenze anti-statali e libertarie. Le idee libertarie emersero ulteriormente durante il Rinascimento con la diffusione del ragionamento e dell'umanesimo in Europa. I romanzieri immaginarono società ideali che non erano basate sulla coercizione ma sul volontarismo. L'Illuminismo spinse ulteriormente verso l'anarchismo con l'ottimismo per il progresso sociale.

Era moderna

Durante la Rivoluzione francese, i gruppi partigiani di Enragés e sans-culottes videro una svolta nella fermentazione dei sentimenti antistatali e federalisti. Le prime correnti anarchiche si svilupparono nel corso del XVIII secolo: William Godwin sposò l'anarchismo filosofico in Inghilterra, delegittimando moralmente lo stato, il pensiero di Max Stirner spianò la strada all'individualismo e la teoria del mutualismo di Pierre-Joseph Proudhon trovò terreno fertile in Francia. Questa era di anarchismo classico è durata fino alla fine della guerra civile spagnola del 1936 ed è considerata l'età d'oro dell'anarchismo.

Attingendo al mutualismo, Mikhail Bakunin fondò l'anarchismo collettivista ed entrò nell'Associazione internazionale dei lavoratori, un'unione di classe operaia in seguito conosciuta come la prima internazionale che si formò nel 1864 per unire diverse correnti rivoluzionarie.

L'Internazionale divenne una forza politica significativa e Karl Marx una figura di spicco e un membro del suo Consiglio Generale. La fazione di Bakunin, la Federazione del Giura e i seguaci di Proudhon, i mutualisti, si opposero al socialismo di stato marxista, sostenendo l'astensionismo politico e le proprietà di piccole proprietà. Dopo aspre controversie, i Bakuninisti furono espulsi dall'Internazionale dai marxisti al Congresso dell'Aia del 1872. Bakunin predisse notoriamente che se i rivoluzionari avessero guadagnato il potere secondo i termini del marxista, sarebbero finiti i nuovi tiranni di operai. Dopo essere stati espulsi, gli anarchici formarono la St. Imier International. Sotto l'influenza di Peter Kropotkin, un filosofo e scienziato russo, l'anarchico-comunismo si sovrappose al collettivismo. Gli anarco-comunisti, che trassero ispirazione dalla Comune di Parigi del 1871, sostenevano la libera federazione e la distribuzione dei beni secondo i propri bisogni.

Al volgere del secolo, l'anarchismo si era diffuso in tutto il mondo. In Cina, piccoli gruppi di studenti hanno importato la versione umanistica pro-scienza dell'anarco-comunismo. Tokyo era un punto di riferimento per i giovani ribelli dei paesi dell'estremo oriente, che si riversava nella capitale giapponese per studiare. In America Latina, San Paolo era una roccaforte dell'anarco-sindacalismo dove divenne l'ideologia di sinistra più importante. Durante questo periodo, una minoranza di anarchici adottò tattiche di violenza politica rivoluzionaria. Questa strategia divenne nota come propaganda dell'atto. Lo smembramento del movimento socialista francese in molti gruppi e l'esecuzione e l'esilio di molti Comunardi nelle colonie penali in seguito alla soppressione della Comune di Parigi favorirono l'espressione e gli atti politici individualisti. Anche se molti anarchici si sono allontanati da questi atti terroristici, l'infamia è arrivata sul movimento. L'illegalismo fu un'altra strategia che alcuni anarchici adottarono in quegli stessi anni.

Diversi anarchici di Pietrogrado e Mosca fuggirono in Ucraina, portando in particolare alla ribellione di Kronstadt e alla lotta di Nestor Makhno nel Territorio Libero. Con gli anarchici schiacciati in Russia, sono emerse due nuove correnti antitetiche, ovvero il platformismo e l'anarchismo di sintesi. Il primo ha cercato di creare un gruppo coerente che spingesse per la rivoluzione mentre il secondo era contrario a qualsiasi cosa che potesse assomigliare a un partito politico. Vedendo le vittorie dei bolscevichi nella rivoluzione di ottobre e la conseguente guerra civile russa, molti operai e attivisti si sono rivolti a partiti comunisti che sono cresciuti a spese dell'anarchismo e di altri movimenti socialisti. In Francia e negli Stati Uniti, i membri dei maggiori movimenti sindacalisti, la Confederazione generale del lavoro e dei lavoratori industriali del mondo, lasciarono le loro organizzazioni e si unirono all'Internazionale comunista.

Nella guerra civile spagnola, anarchici e sindacalisti (CNT e FAI) ancora una volta si sono alleati con varie correnti di sinistra. Una lunga tradizione di anarchismo spagnolo ha portato gli anarchici a svolgere un ruolo fondamentale nella guerra. In risposta alla ribellione dell'esercito, un movimento di contadini e operai di ispirazione anarchica, sostenuto da milizie armate, prese il controllo di Barcellona e di vaste aree della Spagna rurale dove collettivizzarono la terra. L'Unione Sovietica fornì un po 'di assistenza limitata all'inizio della guerra, ma il risultato fu un'aspra lotta tra comunisti e anarchici in una serie di eventi chiamati May Days mentre Joseph Stalin cercava di prendere il controllo dei repubblicani.

Dopoguerra

Alla fine della seconda guerra mondiale, il
movimento anarchico fu gravemente indebolito.
Tuttavia, gli anni '60 furono testimoni di un risveglio
dell'anarchismo probabilmente causato da un
percepito fallimento del marxismo-leninismo e delle
tensioni costruite durante la guerra fredda. Durante
questo periodo, l'anarchismo mise radici in altri
movimenti critici sia per lo stato che per il capitalismo
come i movimenti antinucleari, ambientali e pacifisti,
la Nuova Sinistra e la controcultura degli anni '60.
L'anarchismo fu associato alla sottocultura punk
come esemplificato da gruppi come Crass e Sex
Pistols, e le tendenze femministe consolidate
dell'anarcha-femminismo tornarono con vigore
durante la seconda ondata del femminismo.

Verso la fine del 21 ° secolo, l'anarchismo crebbe in popolarità e influenza nei movimenti contro la guerra, anticapitalisti e anti-globalizzazione. Gli anarchici sono diventati famosi per il loro coinvolgimento nelle proteste contro l'Organizzazione mondiale del commercio, il gruppo di otto e il forum economico mondiale. Durante le proteste, quadri anonimi senza leader ad hoc noti come blocchi neri si sono impegnati in rivolte, distruzioni di proprietà e scontri violenti con la polizia. Altre tattiche organizzative introdotte in questo periodo includono la cultura della sicurezza, i gruppi di affinità e l'uso di tecnologie decentralizzate come Internet. Un evento significativo di questo periodo sono stati gli scontri alla conferenza dell'OMC a Seattle nel 1999. Le idee anarchiche sono state influenti nello sviluppo degli zapatisti in Messico e nella Federazione democratica della Siria settentrionale, più comunemente conosciuta come Rojava, di fatto autonoma regione nel nord della Siria.

Filosofia

Le scuole di pensiero anarchiche sono state generalmente raggruppate in due principali tradizioni storiche, l'anarchismo sociale e l'anarchismo individualista, a causa delle loro diverse origini, valori ed evoluzione. La corrente individualista enfatizza la libertà negativa in contrapposizione alle restrizioni sull'individuo libero, mentre la corrente sociale enfatizza la libertà positiva nel tentativo di raggiungere il libero potenziale della società attraverso l'uguaglianza e la proprietà sociale. In senso cronologico, l'anarchismo può essere segmentato dalle correnti classiche della fine del XIX secolo, e le correnti post-classiche (come l'anarcha-femminismo, l'anarchismo verde e il post-anarchismo) si sono sviluppate in seguito.

Al di là delle fazioni specifiche dei movimenti anarchici che costituiscono l'anarchismo politico si trova l'anarchismo filosofico, che sostiene che lo stato manca di legittimità morale, senza necessariamente accettare l'imperativo della rivoluzione per eliminarlo. Componente soprattutto dell'anarchismo individualista, l'anarchismo filosofico può tollerare l'esistenza di uno stato minimo, ma sostiene che i cittadini non hanno alcun obbligo morale di obbedire al governo quando è in conflitto con l'autonomia individuale. L'anarchismo presta molta attenzione agli argomenti morali poiché l'etica ha un ruolo centrale nella filosofia dell'anarchico.

Una reazione contro il settarismo nell'ambiente anarchico fu l'anarchismo senza aggettivi, un appello alla tolleranza e all'unità tra gli anarchici adottati per la prima volta da Fernando Tarrida del Mármol nel 1889 in risposta agli aspri dibattiti della teoria anarchica dell'epoca. Nonostante la separazione, le varie scuole di pensiero anarchiche non sono viste come entità distinte, ma come tendenze che si mescolano.

L'anarchismo è di solito posto all'estrema sinistra dello spettro politico e gran parte della sua economia e filosofia legale riflettono interpretazioni anti-autoritarie del comunismo, del collettivismo, del sindacalismo, del mutualismo o dell'economia partecipativa. Poiché l'anarchismo non offre un corpus fisso di dottrina da un'unica visione del mondo particolare, esistono molti tipi e tradizioni anarchici e varietà di anarchia divergono ampiamente.

Età Classica

Le correnti percettive tra le correnti anarchiche classiche erano il mutualismo e l'individualismo. Sono stati seguiti dalle principali correnti di anarchismo sociale (collettivista, comunista e sindacalista). Differiscono per gli aspetti organizzativi ed economici della loro società ideale.

Il mutualismo è una teoria economica del 18° secolo che è stata sviluppata in teoria anarchica da Pierre-Joseph Proudhon. I suoi obiettivi includono reciprocità, libera associazione, contratto volontario, federazione e riforma del credito e delle valute che sarebbero regolate da una banca del popolo. Il mutualismo è stato retroattivo come ideologicamente situato tra forme individualiste e collettiviste di anarchismo. Proudhon in primo luogo ha definito il suo obiettivo come una "terza forma di società, la sintesi di comunismo e proprietà".

L'anarchismo collettivista, noto anche come collettivismo anarchico o anarco-collettivismo, è una forma socialista rivoluzionaria di anarchismo comunemente associata a Mikhail Bakunin. Gli anarchici collettivisti sostengono la proprietà collettiva dei mezzi di produzione, teorizzata per essere raggiunta attraverso la rivoluzione violenta, e che i lavoratori siano pagati in base al tempo lavorato, piuttosto che ai beni distribuiti secondo le necessità come nel comunismo. L'anarchismo collettivista sorse accanto al marxismo, ma respinse la dittatura del proletariato nonostante l'obiettivo dichiarato marxista di una società apolide collettivista. L'anarco-comunismo, noto anche come comunismo anarchico, anarchismo comunista e comunismo libertario, è una teoria dell'anarchismo che sostiene una società comunista con proprietà comune dei mezzi di produzione, democrazia diretta e una rete orizzontale di associazioni volontarie e consigli dei lavoratori con produzione e consumo basati sul principio guida: "Da ciascuno secondo le sue capacità, a ciascuno secondo le sue necessità".

L'anarco-comunismo si sviluppò dalle correnti socialiste radicali dopo la Rivoluzione francese, ma fu inizialmente formulato come tale nella sezione italiana della Prima Internazionale. Successivamente è stato ampliato nel lavoro teorico di Peter Kropotkin. L'anarco-sindacalismo, noto anche come sindacalismo rivoluzionario, è un ramo dell'anarchismo che vede i sindacati sindacali come una forza potenziale per il cambiamento sociale rivoluzionario, sostituendo il capitalismo e lo stato con una nuova società democraticamente autogestita dai lavoratori. I principi di base dell'anarco-sindacalismo sono la solidarietà dei lavoratori, l'azione diretta e l'autogestione dei lavoratori. L'anarchismo individualista si riferisce a diverse tradizioni di pensiero all'interno del movimento anarchico che enfatizzano l'individuo e la sua volontà su qualsiasi tipo di determinanti esterni. Le prime influenze sulle forme individualiste di anarchismo includono William Godwin, Max Stirner e Henry David Thoreau. Attraverso molti paesi, l'anarchismo individualista ha attirato un piccolo ma diversificato seguito di artisti e intellettuali della Boemia, nonché giovani fuorilegge anarchici in quello che è diventato noto come illegalità e bonifica individuale.

Post-classico e contemporaneo

I principi anarchici sono alla base dei movimenti sociali radicali contemporanei della sinistra. L'interesse per il movimento anarchico si è sviluppato parallelamente allo slancio nel movimento anti-globalizzazione, le cui principali reti di attivisti erano anarchiche nell'orientamento. Mentre il movimento ha plasmato il radicalismo del 21° secolo, un più ampio abbraccio ai principi anarchici ha segnato un risveglio di interesse. La copertura di notizie contemporanee che enfatizza le manifestazioni del blocco nero ha rafforzato l'associazione storica dell'anarchismo con il caos e la violenza, sebbene la sua pubblicità abbia anche portato più studiosi a impegnarsi con il movimento anarchico. L'anarchismo ha continuato a generare molte filosofie e movimenti - a volte eclettici, attingendo a varie fonti e sincretici, combinando concetti disparati per creare nuovi approcci filosofici. La tradizione anticapitalista dell'anarchismo classico è rimasta prominente nelle correnti contemporanee. Esistono oggi vari gruppi anarchici, tendenze e scuole di pensiero, il che rende difficile descrivere il movimento anarchico contemporaneo. Mentre teorici e attivisti hanno stabilito "costellazioni relativamente stabili di principi anarchici", non vi è consenso su quali principi siano fondamentali. Di conseguenza, i commentatori descrivono molteplici "anarchismi" (piuttosto che un singolare "anarchismo") in cui i principi comuni sono condivisi tra le scuole di anarchismo mentre ciascun gruppo dà la priorità a tali principi in modo diverso. Ad esempio, l'uguaglianza di genere può essere un principio comune ma si colloca come una priorità più alta per le anarca-femministe rispetto ai comunisti anarchici. Gli anarchici sono generalmente impegnati contro l'autorità coercitiva nelle seguenti forme: "tutte le forme di governo centralizzate e gerarchiche (ad esempio, monarchia, rappresentante democrazia, socialismo di stato, ecc.), sistemi di classe economica (p. es., capitalismo, bolscevismo, feudalesimo, schiavitù, ecc.), religioni autocratiche (p. es., islam fondamentalista, cattolicesimo romano, ecc.), patriarcato, eterosessismo, supremazia bianca e imperialismo". Tuttavia, le scuole anarchiche non sono d'accordo sui metodi con cui queste forme dovrebbero essere contrastate.

Tattica

Le tattiche degli anarchici assumono varie forme, ma in generale servono due obiettivi principali: in primo luogo, quello di opporsi all'Istituzione; e in secondo luogo, promuovere l'etica anarchica e riflettere una visione anarchica della società, illustrando l'unità di mezzi e fini. Un'ampia categorizzazione può essere fatta tra obiettivi per distruggere stati e istituzioni oppressivi con mezzi rivoluzionari e obiettivi per cambiare la società con mezzi evolutivi. Le tattiche evolutive respingono la violenza e adottano un approccio graduale agli obiettivi anarchici, sebbene vi sia una significativa sovrapposizione tra i due.

Le tattiche anarchiche sono cambiate nel corso del secolo scorso. Gli anarchici all'inizio del XX secolo si concentrarono maggiormente su scioperi e militanza, mentre gli anarchici contemporanei usano una gamma più ampia di approcci.

Tattiche dell'era classica

Durante l'era classica, gli anarchici avevano una tendenza militante. Non solo hanno affrontato le forze armate statali (come in Spagna e Ucraina), ma alcuni di loro hanno anche impiegato il terrorismo come propaganda dell'atto. Sono stati effettuati tentativi di assassinio contro capi di stato, alcuni dei quali hanno avuto successo. Anche gli anarchici presero parte alle rivoluzioni. Le prospettive anarchiche nei confronti della violenza sono sempre state sconcertanti e controverse. Da un lato, gli anarco-pacifisti sottolineano l'unità di mezzi e fini. D'altra parte, altri gruppi anarchici sostengono l'azione diretta, una tattica che può includere atti di sabotaggio o addirittura atti di terrorismo. Questo atteggiamento era piuttosto rilevante un secolo fa; vedendo lo stato come un tiranno, alcuni anarchici credevano di avere tutto il diritto di opporsi alla sua oppressione con ogni mezzo possibile. Emma Goldman ed Errico Malatesta, che erano sostenitori di un uso limitato della violenza, hanno sostenuto che la violenza è semplicemente una reazione alla violenza di stato come un male necessario.

Gli anarchici assunsero un ruolo attivo negli scioperi, sebbene tendessero ad essere antipatici al sindacalismo formale, vedendolo come riformista. Lo vedevano come parte del movimento che cercava di rovesciare lo stato e il capitalismo. Gli anarchici hanno anche rafforzato la loro propaganda all'interno delle arti, alcuni dei quali hanno praticato il nudismo. Hanno anche creato comunità basate sull'amicizia. Erano anche coinvolti nella stampa.

Nell'era attuale, l'anarchico italiano Alfredo Bonanno, un sostenitore dell'anarchismo insurrezionale, ha ripristinato il dibattito sulla violenza respingendo la tattica di non violenza adottata dalla fine del XIX secolo da Kropotkin e altri importanti anarchici in seguito. Sia Bonanno che il gruppo francese The Invisible Committee sostengono piccoli gruppi di affiliazione informali, in cui ogni membro è responsabile delle proprie azioni ma lavora insieme per abbattere l'oppressione utilizzando il sabotaggio e altri mezzi violenti contro lo stato, il capitalismo e altri nemici. I membri dell'Invisible Committee furono arrestati nel 2008 con varie accuse, incluso il terrorismo.

Nel complesso, gli anarchici di oggi sono molto meno violenti e militanti dei loro antenati ideologici. Si impegnano principalmente a confrontarsi con la polizia durante manifestazioni e rivolte, soprattutto in paesi come il Canada, il Messico o la Grecia. Itilitanti gruppi di protesta del blocco nero sono noti per lo scontro con la polizia. Tuttavia, gli anarchici non si scontrano solo con operatori statali; si impegnano anche nella lotta contro fascisti e razzisti, intraprendendo azioni antifa e mobilitandosi per impedire che accadano manifestazioni di odio.

Gli anarchici impiegano comunemente azioni dirette, che possono assumere la forma di sconvolgere e protestare contro le gerarchie ingiuste o la forma di autogestione della propria vita attraverso la creazione di controristituzioni come comuni e collettivi non gerarchici. Spesso il processo decisionale è gestito in modo anti-autoritario, con tutti che hanno la stessa voce in ogni decisione, un approccio noto come orizzontale. Gli anarchici dell'era contemporanea si sono impegnati con vari movimenti di base che non sono esplicitamente anarchici ma sono più o meno basati sull'orizzontalità, rispettando l'autonomia personale e partecipando all'attivismo di massa come scioperi e manifestazioni. Il termine appena coniato "piccolo-a anarchismo", in contrasto con "grande-anarchismo" dell'era classica, segnala la loro tendenza a non basare i loro pensieri e azioni sull'anarchismo dell'era classica o a fare riferimento a Kropotkin o Proudhon per giustificare la loro opinioni. Preferirebbero basare il loro pensiero e la prassi sulla propria esperienza, che in seguito teorizzeranno.

 Il processo decisionale di gruppi anarchici di piccola affinità gioca un ruolo tattico significativo. Gli anarchici hanno impiegato vari metodi per creare un consenso approssimativo tra i membri del loro gruppo, senza la necessità di un leader o di un gruppo guida. Un modo è per un individuo del gruppo di svolgere il ruolo di facilitatore per aiutare a raggiungere un consenso senza prendere parte alla discussione o promuovere un punto specifico. Le minoranze di solito accettano un consenso approssimativo, tranne quando sentono che la proposta contraddice obiettivi, valori o etica anarchici. Gli anarchici di solito formano piccoli gruppi (5-20 persone) per migliorare l'autonomia e le amicizie tra i loro membri. Questo tipo di gruppi il più delle volte si interconnettono tra loro, formando reti più grandi. Gli anarchici continuano a sostenere e partecipare agli scioperi, in particolare agli scioperi selvaggi; si tratta di scioperi senza leader non organizzati centralmente da un sindacato.

Gli anarchici sono andati online per diffondere il loro messaggio. Come in passato, vengono utilizzati giornali e riviste; tuttavia, a causa delle difficoltà distributive e di altro tipo, gli anarchici hanno trovato più facile creare siti Web, ospitando librerie elettroniche e altri portali. Gli anarchici sono stati anche coinvolti nello sviluppo di vari software disponibili gratuitamente. Il modo in cui questi hacktivisti lavorano per sviluppare e distribuire assomiglia agli ideali anarchici, specialmente quando si tratta di preservare la privacy degli utenti dalla sorveglianza dello stato.

Gli anarchici si organizzano per occupare e recuperare spazi pubblici. Durante eventi importanti come le proteste e quando gli spazi vengono occupati, vengono spesso chiamati Zone Autonome Temporanee (TAZ), spazi in cui surrealismo, poesia e arte si fondono per mostrare l'ideale anarchico.

Come visto dagli anarchici, accovacciarsi è un modo per riconquistare lo spazio urbano nel mercato capitalista, soddisfacendo i bisogni pragmatici ed è anche visto un'azione diretta esemplare.

L'acquisizione dello spazio consente agli anarchici di sperimentare le loro idee e costruire legami sociali. Sommando queste tattiche e tenendo presente che non tutti gli anarchici condividono gli stessi atteggiamenti nei loro confronti, insieme a varie forme di protesta per eventi altamente simbolici, creano un'atmosfera carnevalesca che fa parte della vivida contemporaneità dell'anarchismo.

Problemi chiave

Poiché l'anarchismo è una filosofia che incarna molti diversi atteggiamenti, tendenze e scuole di pensiero e disaccordo su questioni di valori, ideologia e tattica è comune, la sua diversità ha portato a un uso ampiamente diverso di termini identici tra diverse tradizioni anarchiche che ha portato a molte definizioni preoccupazioni nella teoria anarchica. Ad esempio, la compatibilità di capitalismo, nazionalismo e religione con l'anarchismo è ampiamente contestata. Allo stesso modo, l'anarchismo gode di relazioni complesse con ideologie come il marxismo, il comunismo, il collettivismo e il sindacalismo. Gli anarchici possono essere motivati dall'umanesimo, dall'autorità divina, dall'interesse personale illuminato, dal veganismo o da un numero qualsiasi di dottrine etiche alternative. Fenomeni come la civiltà, la tecnologia (ad esempio all'interno dell'anarco-primitivismo) e il processo democratico possono essere fortemente criticati all'interno di alcune tendenze anarchiche e contemporaneamente lodati in altri.

Genere, sessualità e amore libero

Il genere e la sessualità portano con sé dinamiche di gerarchia; l'anarchismo è obbligato a rivolgersi, analizzare e opporsi alla soppressione della propria autonomia a causa delle dinamiche che i ruoli di genere tradizionalmente impongono. Una corrente storica che nacque e fiorì nel 1890 e nel 1920 all'interno dell'anarchismo era l'amore libero, e in un certo senso sopravvive ancora come tendenza a sostenere il poliamore e l'anarchismo strano. I sostenitori dell'amore libero erano contrari al matrimonio che vedeva come un modo per gli uomini di imporre autorità sulle donne a causa delle leggi sul matrimonio che davano il sopravvento ai maschi. La nozione di amore libero, sebbene fosse molto più ampia, era una critica all'intero ordine stabilito che limitava le donne dalla libertà e dal piacere sessuali. Questo movimento è diventato vicino alla realtà in quanto vi sono state varie famiglie che hanno ospitato molti compagni che condividono un letto comune.

L'amore libero aveva radici sia in Europa che negli Stati Uniti. Alcuni anarchici scoprirono presto che l'amore libero non era privo di effetti avversi poiché sorse gelosamente. Le femministe anarchiche erano sostenitrici dell'amore libero, contro il matrimonio, la scelta a favore (usando un termine contemporaneo) e avevano anche un'agenda simile. Le femministe anarchiche e non anarchiche differivano per il suffragio, ma comunque si sostenevano a vicenda. Durante la seconda metà del 20 ° secolo, l'anarchismo si mescolò con la seconda ondata di anarchismo, radicalizzando alcune correnti del movimento femminista e subì anche l'influenza. Negli ultimi decenni del 20 ° secolo, l'anarchica e le femministe sostenevano i diritti e l'autonomia di donne, gay, queer e altri gruppi emarginati con alcuni pensatori femministi che suggerivano la fusione delle due correnti. Con la terza ondata di anarchismo, l'identità sessuale e l'eterosessualità obbligatoria furono poste al microscopio dell'anarchico e produssero una critica post-strutturalista della normalità sessuale. Tuttavia, alcuni anarchici si sono allontanati da questa linea di pensiero, suggerendo che si sta inclinando verso l'individualismo e quindi facendo cadere la causa della liberazione sociale.

Anarchismo ed educazione

L'interesse dell'anarchico per l'educazione risale ai primi passi dell'anarchismo classico. Gli anarchici vedono un'educazione adeguata che pone le basi della futura autonomia dell'individuo e della società, come un atto di mutuo aiuto. Scrittori anarchici come Willian Godwin e Max Stirner hanno attaccato sia l'educazione pubblica orchestrata dallo stato sia l'educazione elitaria poiché hanno visto come un altro modo per la classe dirigente di replicare i propri privilegi.

Nel 1901, l'anarchico catalano e libero pensatore Francisco Ferrer fondò il moderno a Barcellona sfidando un sistema educativo controllato dalla Chiesa cattolica. L'approccio di Ferrer era laico, respingendo sia il coinvolgimento statale che quello ecclesiale nel processo educativo e diede agli studenti molta autonomia (cioè sulla definizione del curriculum). Ferrer mirava a educare la classe lavoratrice.

La scuola ha chiuso dopo continue molestie da parte dello stato e Ferrer è stato successivamente arrestato. Le idee di Ferrer costituivano generalmente l'ispirazione per una serie di scuole moderne in tutto il mondo. Anche l'anarchico cristiano Leo Tolstoy aveva istituito una scuola, il cui principio fondamentale era "che l'educazione per essere efficace doveva essere libera", come ha spiegato Tolstoj stesso. Allo stesso modo, AS Neill fondò quella che divenne la Summerhill School nel 1921, dichiarando anche di essere libera dalla coercizione.

Tutte le scuole anarchiche si basavano principalmente su un valore morale, vale a dire il rispetto del diritto dei bambini a svilupparsi liberamente senza manipolazioni. Tuttavia, hanno affrontato il dilemma di quando dovrebbero guidare i giovani verso le lotte politiche e di classe. La maggior parte degli educatori anarchici dell'inizio del XX secolo non ha preso una posizione neutrale; la domanda specifica ha continuato a turbare l'anarchico nei decenni a venire. Alcuni decenni dopo, autori anarchici come Colin Ward, Hearbert Read e Paul Goodman hanno intensificato e ampliato la critica dell'anarchico all'educazione statale, anche la necessità di studiare come metodo pedagogico, suggerendo un sistema che si concentrerebbe sulla creatività dei bambini piuttosto che trasformarli in carriera- cacciatori.

Sebbene non molte scuole di anarchici siano sopravvissute all'era attuale, i principali principi delle scuole di anarchici, come il rispetto dell'autonomia e della libertà dei bambini, basandosi sul ragionamento piuttosto che sull'indottrinamento, si sono diffusi nelle istituzioni educative tradizionali che si ritengono democratiche.

Anarchismo e stato

L'obiezione allo stato e alle sue istituzioni è una condizione sine qua non dell'anarchismo. Gli anarchici considerano lo stato come uno strumento di dominio ed è illegittimo indipendentemente dalle tendenze politiche. Invece di essere in grado di controllare gli aspetti della propria vita, le decisioni più importanti vengono prese da una piccola élite. Alla fine l'autorità si basa esclusivamente sul potere, indipendentemente dal fatto che sia aperta o trasparente poiché ha ancora la capacità di costringere le persone. Un altro argomento anarchico contro gli stati è che alcune persone che costituiscono un governo, anche il più altruista tra i funzionari, cercheranno inevitabilmente di guadagnare più potere, portando alla corruzione. Gli anarchici considerano l'argomento secondo cui lo stato è la volontà collettiva delle persone come una fiaba poiché la classe dirigente è distinta dal resto della società.

Anarchismo e arte

La connessione tra anarchismo e arte era piuttosto profonda durante l'era classica dell'anarchismo, in particolare tra le correnti artistiche che si stavano sviluppando durante quell'epoca, come futuristi, surrealisti e altri, mentre in letteratura l'anarchismo era principalmente associato ai movimenti della Nuova Apocalisse e del Nuovo Romanticismo. Anarchici come Leo Tolstoy e Herbert Read hanno sostenuto che il confine tra artista e non artista, ciò che separa l'arte da un atto quotidiano, è un costrutto prodotto dall'alienazione causata dal capitalismo e impedisce agli esseri umani di vivere una vita gioiosa. Altri anarchici sostenevano o usavano l'arte come mezzo per raggiungere fini anarchici. Tre proprietà sovrapposte hanno reso l'arte utile agli anarchici: potrebbe rappresentare una critica della società e delle gerarchie esistenti; potrebbe servire come strumento prefigurativo per riflettere la società ideale anarchica, e potrebbe anche trasformarsi in un mezzo di azione diretta, ad esempio nelle proteste.

Critica

Il docente di filosofia Andrew G. Fiala ha elencato i cinque argomenti principali contro l'anarchismo. In primo luogo, osserva che l'anarchismo è legato alla violenza e alla distruzione, non solo nel mondo pragmatico (cioè nelle proteste) ma anche nel mondo dell'etica. Il secondo argomento è che è impossibile per una società funzionare senza uno stato o qualcosa di simile uno stato, agendo per proteggere i cittadini dalla criminalità. Fiala prende Leviathan da Thomas Hobbes e lo stato di guardia notturna dal filosofo Robert Nozick come esempi. In terzo luogo, l'anarchismo è valutato come irrealizzabile o utopico poiché lo stato non può essere sconfitto praticamente; questa linea di argomentazioni richiede spesso un'azione politica all'interno del sistema per riformarla. La quarta argomentazione è che l'anarchismo è contraddittorio da se stesso poiché mentre sostiene nessuno per gli archiei, se accettato da molti, allora l'anarchismo si trasformerà nella teoria politica dominante. In questa linea di critiche arriva anche l'auto-contraddizione che l'anarchico richiede un'azione collettiva mentre l'anarchismo sostiene l'autonomia dell'individuo e quindi nessuna azione collettiva non può essere intrapresa. Infine, Fiala menziona una critica all'anarchismo filosofico, all'essere inefficaci (tutti i discorsi e pensieri) e nel frattempo il capitalismo e la classe borghese rimangono forti.

L'anarchismo filosofico ha incontrato le critiche dei membri del mondo accademico, in seguito alla pubblicazione di libri pro-anarchici come Principi morali e obblighi politici di A. John Simmons (1979). Il professore di legge William Edmundson ha scritto un saggio sul quale discute contro tre dei principali principi filosofici degli anarchici, che sono fallaci. Edmundson afferma che sebbene non vi sia effettivamente il dovere di obbedire a uno stato normale, ciò non significa necessariamente che l'anarchismo sia la conclusione inevitabile e che lo stato sia ancora moralmente legittimo.

Il Pensiero

La libertà non è fare quello che si vuole; è sapere
quello che si vuole. Ma questa civiltà ti toglie il tempo
di capire se quello che stai facendo è quello che
veramente vuoi; di solito lo stai facendo perchè c'è
un grande fiume che si chiama "consumismo" che va
in quella direzione e tu sei solo uno dei tanti pesci in
quel grande fiume.

La sottrazione del nostro tempo è mirata a
trasformare l'essere umano pensante in
consumatore. Il miglior consumatore è quello non
pensante; meno si pensa, più si consuma. Non
facciamo più le cose per scelta, ma perché le
abbiamo fatte ieri e quindi le rifaremo domani; i
nostri gesti automatici sono il 90% della giornata.

Bisogna riprendersi il tempo e iniziare a chiedersi "perchè?". Perchè compro questo? Perchè faccio questa cosa? Perchè leggo questo libro? Perchè guardo questo programma? Perchè vado a vedere questo film? Lo voglio veramente io o fa parte di un meccanismo? Bisogna chiedersi "perchè" per uscire dalla trappola del "come"; tutti vi dicono come comprare una macchina, nessuno vi spiega perchè ve la dovete comprare. Vi serve davvero? Vale la pena di spendere non solo dei soldi ma anche del tempo per questo?

Dobbiamo costruire un futuro fondato sul "perchè", perchè ci hanno dato dei falsi obiettivi, dei falsi sogni. La cosa fondamentale è che qualunque cosa vogliate fare vi chiediate veramente perchè la fate. Se pensate che quello che state facendo, comprando, leggendo, vedendo, sia inutile, non lo fate: toglietelo. In questa maniera vi ritrovate il tempo per fare qualcos'altro di fondamentale.

Citazioni Anarchiche

"Dal punto di vista dello Stato, il bene non è generato dalla libertà quanto piuttosto dalla negazione della libertà; l'uomo è cattivo per natura. Ma come è diventato cattivo? È compito della teologia spiegarlo. Il fatto è che la Chiesa, alla sua nascita, trova l'uomo già cattivo e si assume il compito di renderlo buono, di trasformare cioè l'uomo naturale in cittadino. Così lo Stato come la Chiesa, partono da questo presupposto fondamentale: che gli uomini siano essenzialmente cattivi che, se abbandonati alla loro libertà individuale, si farebbero a pezzi e offrirebbero lo spettacolo della più terribile anarchia, dove i più forti sfrutterebbero e massacrerebbero i deboli. Ma se si prende il criminale più incallito, o l'uomo dalla mente più povera, a meno che non esistano lesioni organiche causa di idiozia e insanità, la criminalità dell'uno e l'incapacità dell'altro a sviluppare la coscienza della prorpia umanità e dei propri doveri umani non sono errori imputabili a loro, nè dovuti alla loro natura; sono soltanto il prodotto dell'ambiente sociale in cui sono nati e cresciuti. Se un uomo nasce in una società di bruti sarà, tranne rare eccezioni, un semibruto; se invece nasce in una società governata dai preti, diventerà un idiota, un baciapile; in una banda di ladri probabilmente un ladro; nelle file della borghesia, uno sfruttatore del lavoro altrui. In tutti questi casi, perchè l'individuo diventi umano, è indispensabile che si rivolti contro la società che l'ha visto nascere. Per ribellarsi all'influenza che la società esercita naturalmente su di lui, l'uomo deve almeno in parte rivoltarsi contro se stesso, perchè con tutte le sue tendenze e aspirazioni materiali, intellettuali e morali egli non è altro che il prodotto della società. Su mille uomini se ne trova a malapena uno di cui si possa dire che la sua volontà e il suo pensiero sono autonomi. L'immensa maggioranza degli individui, non soltanto fra la massa ignorante ma anche nell'ambito della classe colta e privilegiata, vuole e pensa solo ciò che il mondo circostante vuole e pensa. Gli uomini credono, beninteso, di volere e pensare autonomamente, ma in realtà non fanno che riprodurre servilmente, consuetudinariamente, con modificazioni impercettibili e irrilevanti, il pensiero e la volontà di altri. La libertà dell'uomo consiste unicamente in questo: obbedire alle leggi naturali, perchè le ha riconosciute egli stesso come tali e non perchè gli siano state esteriormente imposte da una qualsiasi volontà estranea, divina o umana, collettiva o individuale. La libertà è l'assoluto diritto di ogni uomo o donna adulti di non cercare per le proprie azioni altre conferme che quelle della propria coscienza e della propria ragione, di non determinarle che per mezzo della propria volontà e di esserne quindi responsabili prima di tutto verso se stessi e poi nei confronti della società di cui fanno parte, ma solo in quanto consentono liberamente di farne parte. L'uomo non è veramente libero che tra uomini ugualmente liberi, e poichè è libero solo in quanto umano, la schiavitù di un solo uomo sulla terra, essendo un'offesa al principio stesso di umanità, è una negazione della libertà di tutti. Dunque la libertà di ciascuno non si realizza che nella uguaglianza di tutti. Per gli uomini non c'è che un solo dogma, una sola legge, una sola morale, e questa è la libertà."

(Michail Bakunin)

"Gli adoratori della scienza divinizzata, come moderni Procuste, hanno creato un ideale di organizzazione sociale, uno stampo ristretto nel quale vorrebbero far rientrare a forza le generazioni future. Sarebbe triste per il genere umano se in tutte le epoche la speculazione teorica fosse la sola fonte di guida per la società, se spettasse soltanto alla scienza il compito del governo sociale. I sapienti, sempre presuntuosi, sempre boriosi e sempre impotenti, vorrebbero occuparsi di ogni cosa, e tutte le sorgenti della vita si disseccherebbero sotto il loro soffio astratto ed erudito. Date loro pieni poteri e li vedrete fare sugli esseri umani gli stessi esperimenti che oggi gli scienziati fanno su conigli e cani. La vita appassirebbe e la società umana diverrebbe un gregge muto e servile. Il dominio della scienza sulla vita può avere come solo risultato l'abbruttimento del genere umano. La più eccelsa delle intelligenze non basterebbe per abbracciare il tutto. La vita naturale e sociale deve primeggiare sulla teoria, la quale è solo una delle sue manifestazioni e mai la sua creatrice. La teoria è sempre creata dalla vita, mai la crea."

(Michail Bakunin)

"L'idea generale è sempre un'astrazione, e, anche per questo, in qualche modo, una negazione della vita reale. Ho constatato questa proprietà del pensiero umano, e di conseguenza anche della scienza, di poter impadronirsi e nominare nei fatti reali solo il loro senso generale, i loro rapporti generali, le loro leggi generali; in una parola, ciò che è permanente, nelle sue continue trasformazioni, ma mai nel suo lato materiale, individuale, e per così dire palpitante di realtà e di vita, ma per la stessa inafferrabile e fuggitivo. La scienza comprende il pensiero della realtà, non la realtà stessa, il pensiero della vita, non la vita. Ecco il suo limite, il solo limite veramente insuperabile, perché è fondata sulla natura stessa del pensiero umano, che è l'unico organo della scienza. Su questa natura si fondano i diritti indiscutibili e la grande missione della scienza, ma anche la sua impotenza vitale e la sua azione maliziosa, tutte le volte che, per i suoi rappresentanti ufficiali, si rivendica il diritto di governare la vita. La scienza non è che l'astrazione, sempre incompleta e imperfetta, di questo movimento. Se si volesse imporre ad essa come una dottrina assoluta, come un'autorità governativa, la impoverirebbe, la distorcerebbe e la paralizzerebbe. La scienza non può uscire dalle astrazioni, sono il suo regno. Ma le astrazioni, i loro rappresentanti immediati, di qualsiasi natura essi siano, preti, politici, giuristi, economisti e studiosi, devono smettere di governare le masse popolari. Tutto il progresso del futuro è qua.

Nell'organizzazione attuale, monopolizzando la scienza e restando come tale al di fuori della vita sociale, gli studiosi formano una casta a parte che offre molte analogie con la casta dei preti. L'astrazione scientifica è il loro dio, le individualità viventi e reali sono le loro vittime, e loro sono i sacrificatori. La missione della scienza è questa qui: rilevando i rapporti generali di cose passeggere e reali, riconoscendo le leggi generali che sono inerenti allo sviluppo dei fenomeni sia del mondo fisico che sociale, pianta per così dire le pietre miliari immutabili del corso progressivo dell'umanità, indicando agli uomini le condizione generali di cui è necessaria un'osservazione rigorosa e di cui l'ignoranza o la dimenticanza è sempre fatale. In una parola, la scienza, è la bussola della vita; ma non è la vita. La scienza è immutabile, impersonale, generale, astratta, insensibile, come le leggi di cui non è altro che la riproduzione ideale, riflessa o mentale, cioè cerebrale (per ricordarci che la scienza stessa non è che un prodotto materiale di un organo materiale dell'organizzazione materiale dell'uomo, il cervello).

La vita è fuggitiva e passeggera, ma anche palpitante di realtà e di individualità, di sensibilità, di sofferenza, di gioie, di aspirazioni, di bisogni e di passioni. È lei sola che, spontaneamente, crea le cose e tutti gli esseri reali. La scienza non crea niente, constata e riconosce solamente le creazioni della vita. E tutte le volte che gli uomini della scienza, uscendo dal loro mondo astratto, si mescolano di creazioni viventi nel mondo reale, tutto quello che propongono o creano è povero, ridicolamente astratto, privo di sangue e di vita, nato morto simile all'omuncolo creato da Wagner, il discepolo pedante dell'immortale dottor Faust di Goethe. Il governo della scienza e degli uomini della scienza, che si chiamano loro stessi dei positivisti, non possono essere che impotenti, ridicoli, inumani, crudeli, oppressivi, sfruttatori, maliziosi. Possiamo dire degli uomini della scienza, come tali, ciò che ho detto dei teologi e dei metafisici: non hanno nè senso nè cuore per gli esseri individuali e viventi. Non si può neanche fargli un rimprovero, poiché è la naturale conseguenza del loro mestiere. Poiché gli uomini di scienza non devono, non possono interessarsi che alle generalità e alle leggi. Ciò che predico, è dunque, fino ad un certo punto la rivolta della vita contro la scienza, o piuttosto contro il comando della scienza. Non per distruggere la scienza – Dio non voglia! Sarebbe un crimine contro l'umanità, ma per rimetterla al suo posto, in modo che non possa più uscirne. La scienza ha per missione unica quella di illuminare la vita, non di governarla"

(Michail Bakunin)

"L'uomo non è un essere i cui unici scopi nella vita siano mangiare, bere, procurarsi un rifugio. Una volta soddisfatte le necessità materiali, si fanno sentire altre necessità che, generalmente parlando, si possono definire di natura artistica. Queste necessità sono diversissime; variano da un individuo all'altro, e quanto più civile sarà una società, quanto più sarà sviluppata l'individualità, tanto più diversi saranno i desideri."

(Petr Kropotkin)

"L'assa foetida puzza, il serpente mi morde, il mentitore mi inganna? La pianta, il rettile e l'uomo, tutti e tre, obbediscono a un bisogno della loro natura. E sia! Ebbene, anch'io obbedisco a un bisogno della mia natura, odiando la pianta che puzza, il serpente che uccide col suo veleno e l'uomo che è ancora più velenoso della bestia. E agirò di conseguenza, senza rivolgermi né al diavolo, che non conosco affatto, né al giudice che detesto ancora più del serpente. Io, e tutti coloro che condividono le mie antipatie, obbediamo a un bisogno della nostra natura. Vedremo quale dei due ha dalla sua la ragione e, quindi, la forza."

(Pëtr Kropotkin, La morale anarchica)

"Dichiarandoci anarchici, proclamiamo di rinunciare a trattare gli altri come non vorremmo essere trattati da noi; che non tollereremo più l'ineguaglianza che ha permesso ad alcuni di noi di esercitare la loro forza o la loro astuzia o la loro abilità in un modo ripugnante. Ma l'uguaglianza in tutto – sinonimo di equità – è l'anarchia stessa."

(Pëtr Kropotkin, La morale anarchica)

"Non temiamo di dire: "Fa' quel che vuoi, fa' come vuoi", perché siamo persuasi che l'immensa massa degli uomini, man mano che sarà illuminata e si libererà delle pastoie attuali, agirà sempre in una certa direzione utile alla società, così come siamo sicuri che il bambino camminerà un giorno sui suoi piedi, e non a quattro zampe, semplicemente perché è nato da genitori appartenenti alla specie umana."

(Pëtr Kropotkin, La morale anarchica)

"Lasciate gli uomini assolutamente liberi, non mutilateli le religioni lo hanno già fatto abbastanza. Non temete nemmeno le loro passioni: in una società libera, esse non rappresenteranno alcun pericolo. Purché non abdichiate alla vostra libertà; purché non vi lasciate asservire dagli altri; purché alle passioni violente ed antisociali di un tale individuo opponiate le vostre passioni sociali, ugualmente vigorose. Allora non avrete da temere nulla dalla libertà."

(Charles Fourier)

"Basterebbe all'uomo di oggi arrestarsi un istante dalla sua attività e riflettere, commisurare le esigenze della sua ragione e del suo cuore con le attuali condizioni dell'esistenza, per accorgersi che tutta la sua vita, tutte le sue azioni sono in una contraddizione continua ed eclatante con la sua coscienza, la sua ragione ed il suo cuore. Pertanto, se io fossi chiamato a dare un unico consiglio agli uomini, quello che giudicassi il più utile agli uomini del nostro secolo, io non direi loro che una cosa: in nome di Dio fermatevi per un istante, smettete di lavorare, guardatevi intorno, pensate a ciò che siete, pensate a ciò che dovreste essere, mirate ad un ideale."

(Lev Tolstoj)

"La religione, la politica, la società vi sfruttano e voi ne siete condizionati: venite spinti in una certa direzione. Non siete esseri umani; siete ingranaggi di una macchina. Soffrite pazientemente, sottomettendovi alla crudeltà dell'ambiente, quando voi, individualmente, avete la possibilità di cambiarlo. Siete consapevoli di essere condizionati? È questa la prima cosa da chiedersi, e non come liberarsi del condizionamento. Dovete mettere in dubbio tutto ciò che l'uomo ha accettato come prezioso, necessario. Per secoli siamo stati condizionati da nazionalità, casta, ceto, tradizione, religione, lingua, educazione, letteratura, arte, costumi, consuetudini, propaganda di ogni tipo, pressioni economiche, dal cibo che mangiamo, dal clima in cui viviamo, dalla nostra famiglia, i nostri amici, le nostre esperienze ogni forma di influenza che vi viene in mente e di conseguenza le nostre reazioni ad ogni problema sono condizionate. Molti di noi camminano nella vita disattenti, reagendo senza pensare, in conformità con l'ambiente in cui sono cresciuti, e simili reazioni generano solamente ulteriore schiavitù, ulteriore condizionamento, ma nel momento in cui presterete totale attenzione al vostro condizionamento vedrete che siete completamente liberi dal passato, che esso se ne scorre via naturalmente."

(Jiddu Krishnamurti)

"Ogni guru è una trappola. Ogni leader è un tiranno. Ogni maestro confonde. La malattia del secolo si chiama "dipendenza". È ridotta a una debole luce il contatto con la propria anima. Se fossimo in contatto con il nostro cuore profondo, cioè il luogo reale dello spirito, non accetteremmo nessun leader, nessun maestro, nessun guru. Saremmo indipendenti. Svegli. Vigili. Autonomi e non automi."

(J. Krishnamurti)

"Lascia che i tuoi occhi vedano ciò che vedono, non ciò che gli altri vogliono che tu veda. Lascia che le tue orecchie ascoltino ciò che sentono naturalmente, non ciò che gli altri vogliono che tu senta. Lascia che la tua bocca parli liberamente e non sia vincolata dall'approvazione o disapprovazione di altre persone. Lascia che la tua mente pensi ciò che vuole pensare e non lasciare che le richieste degli altri dettino i tuoi pensieri. Se i tuoi sensi e la tua mente non sono autorizzati a fare ciò che vogliono fare naturalmente, stai negando loro i loro diritti. Quando non riesci a pensare, sentire o agire liberamente, il tuo corpo e la tua mente sono feriti. Spezza queste oppressioni e coltiverai la vita. Molti pensano di poter trovare soddisfazione nel buon cibo, nei bei vestiti, nella musica e nel piacere sessuale. Tuttavia, quando hanno tutte queste cose, restano insoddisfatti. Si rendono conto che la felicità non consiste semplicemente nel soddisfare i loro bisogni materiali. Quindi, la società ha istituito un sistema di premi che va oltre i beni materiali. Questi includono titoli, riconoscimento sociale, status e potere politico, il tutto racchiuso in un pacchetto chiamato "auto-realizzazione". Attratti da questi premi e alimentati dalla pressione sociale, le persone trascorrono le loro brevi vite usurando corpo e mente per inseguire questi obiettivi.

Forse questo dà loro la sensazione di aver realizzato qualcosa nella loro vita, ma in realtà hanno sacrificato molto nella vita. Non possono più vedere, ascoltare, agire, sentire o pensare dal loro cuore. Tutto ciò che fanno è dettato dal fatto che possano ottenere vantaggi sociali. Alla fine, hanno passato la vita seguendo le richieste degli altri e non hanno mai vissuto una vita propria. Quanto è diverso questo dalla vita di uno schiavo o di un prigioniero?"

(Lieh-Tzu, Guida Taoista alla Vita Pratica)

"Quando gli antichi parlavano di "realizzare i propri desideri" non intendeano un carro e un berretto da funzionario; alludevano a uno stato in cui nulla poteva accrescere la felicità di una persona. Oggi quando si parla di "realizzare i propri desideri" si parla proprio di un carro e di un berretto da funzionario. Ma queste cose non appartengono alla natura intrinseca e al destino di una persona."

(Chuang-tzu)

"La civiltà ha fallito perchè si è messa contro la Natura. L'uomo ha tentato di conquistarla; il che è assolutamente ridicolo. Siamo parte della natura! Come possiamo conquistarla? È come combattere contro noi stessi. È così stupido e suicida, che le generazioni future non riusciranno a credere che l'umanità abbia potuto commettere un tale crimine."

(Osho)

"Io non ho nessun insegnamento. Non sono un insegnante. Non dò nessuna filosofia di vita, né alcuna disciplina, né programmi da seguire. Ho un approccio alla vita ben preciso, che condivido con i miei amici. E il mio approccio inizia con una deprogrammazione. Per ciò che mi riguarda questa è la parola chiave. Essere iniziati alla mia amicizia significa essere iniziati a un processo di deprogrammazione. Ogni essere umano viene programmato dalla nascita a essere cristiano, hindu, ebreo, mussulmano. Il bambino nasce innocente, ma immediatamente viene appesantito da migliaia di concetti, coi quali vive poi tutta la vita. In questo modo si vive una vita fasulla; non è autentica, non è onesta, perché non ti appartiene. Non hai scoperto tu le cose che tenti di vivere... ecco perché, come prima cosa, aiuto la gente a liberarsi da tutti i suoi condizionamenti. Chi viene da me, anche se è cristiano, non lo sarà più; anche se è un hindu, non lo sarà più; anche se è mussulmano, non lo sarà più. Io mi limito a ridare a ciascuno la propria innocenza, la propria umanità, la propria purezza, la propria individualità. Il mio lavoro tende essenzialmente a distruggere i condizionamenti di quanti vengono da me. Ed è un lavoro semplicissimo, perché nessuno di quei condizionamenti ha basi logiche, nessuno si fonda sull'intelligenza. Sono tutte superstizioni, sorrette da impalcature logiche, ma quella logica è falsa. Non esiste nulla di autentico. Il mio lavoro fondamentale è questo: renderti un individuo, non un semplice ingranaggio del sistema, non una particella della massa. Voglio darti un'integrità, una libertà dell'anima, in modo tale che tu non sia più vittima di alcuna schiavitù, che sia cristianesimo, induismo, ebraismo: per la prima volta sarai semplicemente te stesso. A quel punto entrerà in gioco la tua ricerca della verità, la tua indagine nella verità. E ricorda, tutte le risposte che ti sono state date da altri non potranno mai salvarti. Solo la tua risposta, quella che troverai con le tue mani, con la tua ricerca, potrà liberarti dall'ignoranza, dall'infelicità, dall'angoscia."

(Osho)

"Che origine ha il tuo passato? Ti è stato tramandato dai tuoi genitori, dal tuo sistema educativo, dai tuoi leader religiosi, dai tuoi testi sacri. Ma ti è stato consegnato; non è frutto della tua ricerca, della tua esperienza. E tutto ciò che non è tua esperienza è semplicemente un peso che ti impedisce di volare nel cielo sconfinato, verso le stelle. Ogni generazione continua a dare le proprie malattie alle nuove generazioni. La chiamano saggezza ma ciò che era saggio ieri, oggi non è altro che stupidità. Ogni generazione continua a tramandare la propria follia alla generazione successiva. La follia ha continuato ad accumularsi, ed è per questo che l'uomo è caduto sempre più in basso. Per secoli non abbiamo fatto altro che apportare miglioramenti alla pazzia che ci viene tramandata. E abbiamo usato belle parole per descrivere quella pazzia, per cercare di mascherare la realtà. E non solo siamo riusciti a mascherarla, ma ci siamo perfino autoconvinti a venerarla. Quelli che l'uomo ha considerato gioielli e ornamenti, non sono altro che le sue catene; quella che ha considerato la sua casa, non è altro che una prigione; quella che considera la sua famiglia, non lo aiuta a crescere, bensì lo rende un ritardato mentale. Quelle che secondo l'uomo sarebbero religioni – che in teoria dovrebbero aiutare l'uomo ad avvicinarsi a dio – sono l'unico ostacolo che gli impedisce di cercare dio. È un anelito divino che ti spinge a superare tutti questi ostacoli e a dirigerti verso il cielo ignoto, alla ricerca dell'Impossibile. Questa ricerca dell'Impossibile ti permette di trovare te stesso. L'infelicità del mondo può essere spiegata molto semplicemente: tutti sono stati forgiati, modellati, plasmati da altri e nessuno si è mai curato di scoprire cosa avrebbe dovuto essere se avesse seguito la propria natura. Nessuno ha dato nemmeno una possibilità all'esistenza. Nel momento stesso in cui un bambino nasce si comincia a guastarlo, con tutte le buone intenzioni, è ovvio. Nessun genitore lo fa consciamente; è stato condizionato a sua volta e ripete lo stesso schema con i figli perchè non conosce altro. Un bambino disobbediente viene sgridato in continuazione, mentre il bambino obbediente viene continuamente elogiato: lo ricompensiamo per essere finto. Chi è fasullo viene accettato, perchè si integra perfettamente in una società finta. Ma avete mai sentito di un bambino obbediente che sia diventato famoso a livello mondiale per la sua creatività? Avete mai sentito di un bambino obbediente che abbia conseguito il Nobel in qualsiasi campo: letteratura, pace, scienza? Il bambino obbediente diventa semplicemente parte della massa. Tutto ciò che viene aggiunto all'esistenza viene aggiunto dai disobbedienti. "

(Osho)

"La società ti ha ipnotizzato; ha ottuso i tuoi sensi, ti ha avvelenato. Ha bisogno di macchine abili ed efficienti; non vuole esseri umani: ti ha ridotto a una macchina. Tu sei un ottimo impiegato, un bravo soldato, un abile capostazione o un preciso burocrate: sei stato ridotto a qualcosa di utile, sei una merce. La società non vuole la tua intelligenza, la tua consapevolezza; ha bisogno di persone efficienti, ma prive di intelligenza; permette l'esistenza dell'intelligenza solo in funzione dell'efficienza, ma non permette mai alla tua intelligenza di crescere fino al massimo delle sue potenzialità; in quel caso sarebbe così ribelle, così rivoluzionaria da infiammare gli animi! E la società è così marcia che non può permettere l'esistenza di un simile fuoco nelle persone, non può concedere tanta libertà alla gente. Ha bisogno di persone morte, ottuse e prive di intelligenza, solo così potranno continuare a lavorare per favorire gli interessi di altri: dei preti, dei politici! La società ha bisogno di milioni di schiavi. E tu devi ribellarti contro questo stato di cose. Sii autentico, sii sincero con te stesso! Dichiara la tua verità, qualsiasi sia il prezzo da pagare. Perfino se la vita diventa un rischio, rischia; poichè la verità è di gran lunga più preziosa di qualsiasi cosa: la verità è la vita reale. Rischia ogni cosa, ma sii autentico! Qualsiasi cosa sei rispettala! Non permettere a nessuno di manipolarti, non permettere a nessuno di renderti schiavo. L'uomo che si rispetta è autentico; non può scendere a compromessi: preferirà morire, ma resterà fedele alla sua verità. Rischia tutto ciò che hai, poichè tu non possiedi nulla; credi solo di possedere: in realtà tu sei un nulla. Qualsiasi cosa tu abbia fatto finora, e tutto ciò che stai facendo è futile; lascia che questo sedimenti nel tuo cuore il più profondamente possibile. Il denaro non sarà d'aiuto, la fama non servirà, il potere sarà del tutto inutile: la morte verrà e tutto ciò ti verrà portato via. E cosa importa quanto denaro avrai accumulato? Nel mondo, la sola cosa reale è quanto essere hai conseguito."

(Osho)

"Tutti i grandi maestri del mondo hanno ripetuto solo una cosa nel corso dei secoli: "Abbiate la vostra mente e la vostra individualità. Non siate parte della folla, non siate una ruota dell'ingranaggio di una società malata. Siate individui, siate sulle vostre gambe. Guardate la vita con i vostri occhi. Ascoltate la musica con le vostre orecchie". Noi invece, non facciamo niente con le nostre orecchie, i nostri occhi, le nostre menti: tutto ci viene insegnato e noi lo seguiamo. Il problema non è imparare come diventare naturali: il problema è come disimparare a essere innaturali. Ciò che è naturale è sempre presente, nascosto sotto l'immondizia. Tolto l'innaturale, il naturale affiora da sè. Noi non siamo normali e naturali; siamo completamente anormali, malsani, realmente pazzi. Ma poichè tutti sono come noi, non ce ne accorgiamo mai. La pazzia è normale a tal punto che essere sani può sembrare anormale. "

(Osho)

"Siamo arrivati a un punto in cui l'umanità deve decidere se morire rimanendo con i politici, commettere un suicidio globale, o se espellere i politici e salvare l'umanità, la civiltà, la cultura, la vita. Voi potreste essere l'ultima generazione a cui è possibile ribellarsi. Se non vi ribellate potrebbero non esserci più opportunità: l'umanità potrebbe essere ridotta allo stato di robot. Quindi ribellatevi, finché siete in tempo. "La società non ha bisogno di individui, ma di efficienza. Pertanto, più una persona diventa umana, meno essa è utile per la società, e più diventa pericolosa. L'intero schema della nostra civiltà comporta la riduzione dell'essere umano a un automa. In questo caso una persona è ubbidiente, efficiente e non pericolosa. Altrimenti una mente inventiva, che indaga, creerà inevitabilmente fastidi. L'establishment non sarà mai in pace con persone simili tra i piedi. Non appena un bambino nasce, la società inizia ad ucciderne l'individualità; prima che abbia raggiunto i 7 anni la sua individualità è totalmente annientata. Qualsiasi forma di istituzione sociale è solo un mezzo per uccidere l'individuo e trasformarlo in macchina. Tutte le nostre università non sono altro che fabbriche per uccidere la spontaneità, per distruggere lo spirito, e trasformare l'uomo in una macchina. Solo in questo caso la società si sente tranquilla nei suoi confronti. Sarà possibile sapere cos'è in grado di fare; cosa farà; diventa prevedibile. Un marito, una moglie, un dottore, un avvocato, uno scienziato sono prevedibili; sappiamo chi sono e come reagiranno, si può stare tranquilli. Viceversa è impossibile essere tranquilli con una persona viva e spontanea, perché è imprevedibile. L'imprevedibilità è sempre fonte di insicurezza. Se sei imprevedibile, allora non sei controllabile, non puoi più essere manipolato. Nessuno si sente a proprio agio con una persona imprevedibile. Ma solo l'uomo imprevedibile può sentire gioia, può sentire cose che nessun altro potrà mai sentire. La vita in se è imprevedibile, non controllabile. La vita come tale si incammina sempre, attimo dopo attimo, verso l'ignoto. La vita è una apertura sull'ignoto!"

(Osho)

"La società, finora, è stata molto abile: ha trasformato, deviato, stornato i tuoi istinti naturali per riversarli in qualcosa che va a suo vantaggio. Il problema autentico è risvegliare nell'individuo quel tanto di consapevolezza capace di generare in lui il desiderio di divenire libero, intelligente, autorealizzato e pienamente consapevole."

(Osho)

"La soluzione più frequente scelta dall'uomo nel passato e nel presente è l'unione col gruppo, il condividerne costumi, usi, pratiche e credenze. Anche nella civiltà occidentale contemporanea, l'unione col gruppo è la maniera più frequente per superare l'isolamento. È un'unione in cui l'individuo si annulla in una vasta comunità, e il suo scopo è quello di far parte del gregge. Se io sono uguale agli altri, sia nelle idee che nei costumi, non posso avere la sensazione di essere diverso. Sono salvo: salvo dal terrore della solitudine. La maggior parte della gente non si rende nemmeno conto del proprio bisogno di conformismo. Vive nell'illusione di seguire le proprie idee ed inclinazioni, di essere individualista, di aver raggiunto da sé le proprie convinzioni; e si dà il fatto

che le sue idee siano le stesse della maggioranza.
L'unione ottenuta mediante il conformismo, non è
intensa né profonda; è superficiale e, poiché è il
risultato della routine, è insufficiente a placare l'ansia
della solitudine. I casi di alcoolismo, di tossicomania,
di manie sessuali e di suicidio, sono sintomi del
fallimento di tale unione."

(Erich Fromm)

"Tutti seguono schemi prestabiliti, con una velocità
prestabilita, in modo predisposto. Perfino le reazioni
sono prescritte: allegria, tolleranza, amabilità,
ambizione e capacità di andare d'accordo con tutti
senza attrito. Il divertimento è organizzato nello
stesso modo, sebbene non con lo stesso sistema; i
libri sono selezioni da biblioteche, i film dagli
impresari, e gli slogans pubblicitari coniati da loro; il
resto è pure uniforme; la gita domenicale in
automobile, i programmi televisivi, le riunioni e i
ricevimenti ufficiali. Dalla nascita alla morte, dal
lunedì alla domenica, da mattina a sera, tutte le
attività sono organizzate e prestabilite. Come

potrebbe un uomo prigioniero nella ragnatela della routine ricordarsi che è un uomo, un individuo ben distinto, uno al quale è concessa un'unica occasione di vivere, con speranze e delusioni, dolori e timori, col desiderio di amare e il terrore della solitudine e del nulla?"

(Erich Fromm)

"I normali sono i più malati, e i malati sono i più sani. Suona spiritoso, ma è da prendere in modo del tutto serio: questa non è una formuletta divertente. L'uomo malato mostra che in lui determinati fenomeni umani non sono ancora del tutto repressi, e quindi entrano in conflitto con i modelli culturali, e attraverso ciò, attraverso questa "frizione", producono sintomi. Il sintomo, esattamente come il dolore, è solo un segnale che qualche cosa non va. Fortunato colui che ha un sintomo. Come fortunato colui che ha un dolore quando gli manca qualche cosa. Lo sappiamo bene: se l'uomo non provasse dolore, si troverebbe in una condizione molto pericolosa. Ma moltissimi uomini, ossia i "normali", sono così conformisti, hanno abbandonato tutto ciò che è loro più proprio, sono così alienati, strumentalizzati, robotizzati che già non riescono più a provare nessun conflitto. Ciò significa che il loro veri sentimenti, il loro amore, il loro odio, tutto ciò insomma è così represso, o addirittura così atrofizzato, che costituiscono già il ritratto di una cronica, leggera, schizofrenia. Quest'uomo viene influenzato dal suo ambiente, nel senso della struttura della società in cui egli vive, la quale ha una tendenza: ossia quella di modellare le sue energie psichiche in modo tale che l'uomo faccia volentieri quello che in realtà deve fare, affinché questa società possa continuare ad esistere nelle sue forme speciali."

(Erich Fromm)

www.ingramcontent.com/pod-product-compliance
Lightning Source LLC
Chambersburg PA
CBHW021242280526
45784CB00005B/2204